AF619890

UN MONSIEUR QUI SUIT LES FEMMES

COMÉDIE-VAUDEVILLE EN DEUX ACTES,

PAR

MM. TH. BARRIÈRE ET ADRIEN DECOURCELLE

REPRÉSENTÉE, POUR LA PREMIÈRE FOIS, A PARIS, SUR LE THÉATRE DE LA MONTANSIER, LE 18 NOVEMBRE 1850.

DISTRIBUTION DE LA PIECE.

HECTOR DUCHEMIN, célibataire.........	MM.	RAVEL.
M. D'ERMONT, représentant..............		PELLERIN.
LE COLONEL GUÉRIN..................		LHÉRITIER.
M. LEGROS..........................		KALEKAIRE.
M. DE CERNY, gentleman ridicule........		LACOURIÈRE.
CLÉMENCE, femme de d'Ermont..........	Mlles	BRASSINE.
MATHILDE, sa nièce..................		DURAND.
EVELINA, femme de Legros.............		GABRIELLE.
GEORGINA, lorette...................		ALINE.
FLORINE, femme de chambre de Clémence.		AZIMONT,
UNE LOUEUSE DE CHAISES, etc.		

1850

ACTE I.

Aux Tuileries.—Les deux premiers plans forment une allée; les deux derniers un massif d'arbres.— Chaises à droite, à gauche et au fond.

De nos jours.

SCÈNE I.

D'ERMONT, CLÉMENCE, DEUX DAMES, UN ENFANT, TROIS MESSIEURS, UNE LOUEUSE DE CHAISES.

(*Dermont et Clémence assis à gauche, 1er plan, et causant.—Au 3me plan, du même côté, une dame assise; à côté d'elle, deux Messieurs, l'un avec un journal à la main; au 2me plan à droite, un Monsieur assis et dormant, un journal sur ses genoux; un autre Monsieur est assis à côté de lui; au 3me plan, un Monsieur, une Dame et un Enfant. Un gardien traverse le théâtre au fond. Au lever du rideau, la Loueuse de chaises entre par la gauche et se dirige vers la Dame assise à gauche, puis vers la droite, et sort ensuite par le 3me plan à droite.*)

SCÈNE II.

LES MÊMES, HECTOR, GEORGINA. *

(*Georgina, suivie par Hector, traverse le théâtre de la gauche, 3me plan, à droite, 1er plan.*)

HECTOR.

Une taille charmante!... si la figure répond... (*Georgina double le pas, il l'imite.*) Pas accéléré, soit...

CLÉMENCE.

Quel beau temps!... Voyez donc comme les marronniers sont blancs... En vérité, les Tuileries ont l'air d'un bouquet de bal.

D'ERMONT.

Ma foi, j'ai bien envie de ne pas aller à la Chambre et de rester ici.

CLÉMENCE.

Et la patrie, monsieur?

D'ERMONT.

C'est que nous avons du monde à dîner, chère amie; et c'est singulier, quand je reviens du Sénat, je ne suis plus bon à rien; je suis abruti, abasourdi...

* Clémence, d'Ermont.

CLÉMENCE.

N'importe...

D'ERMONT, *se levant.*

Allons, immolons-nous pour la patrie.

CLÉMENCE, *qui s'est levée.*

Si vous n'êtes pas ici à cinq heures, vous me rejoindrez à l'hôtel.

D'ERMONT.

C'est dit... Ah ! vous avez invité monsieur de Cerny ?

CLEMENCE.

Sans doute.

D'ERMONT.

Sait-il que Mathilde sera des nôtres ?

CLÉMENCE.

Il le sait.

D'ERMONT.

Alors, on peut compter sur lui... Combien serons-nous donc, en tout ?

CLÉMENCE.

Nous aurons monsieur Legros, madame Legros, le colonel Guérin, monsieur et madame Chavigny... (*Elle sort par la droite, tout en causant avec d'Ermont.*)

SCENE III.

GEORGINA, HECTOR.*

(*Georgina entre par la droite. Hector la suit. Georgina parcourt le théâtre en long, en large, en diagonale, toujours suivie par Hector.*)

HECTOR.

Pas de course, maintenant ? Cette dame a donc servi dans les chasseurs d'Afrique ?... Je vais le lui demander... Madame !... (*Georgina s'arrête court et se retourne brusquement; Hector qui était lancé se heurte contre elle.*)

HECTOR.

Pardon, madame, je vous ai fait mal ?

GEORGINA, *riant.*

Non, monsieur...

HECTOR.

Oh ! je suis sûr que je vous ai fait mal ! (*Georgina rit plus fort.*)

* Hector, Georgina.

HECTOR.

Vous êtes gaie, madame ?... Moi aussi... Voulez-vous accepter mon bras ?

GEORGINA.

Volontiers... (*Elle lui prend le bras en riant toujours.*)

HECTOR, *à part.*

Elle accepte tout de suite ; je suis volé... enfin, il faut voir... (*Haut.*) Vous avez là un bien joli voile, madame... (*Ils se promènent pendant presque toute la scène.*)

GEORGINA.

N'est-ce pas ?

HECTOR.

Il est un peu épais ; il est même très-épais... mais il est joli ; moins que vous, probablement... (*Georgina ne répond rien et continue de rire. Le Monsieur, la Dame et l'Enfant de droite se lèvent et sortent à gauche.*) Ah ! c'est un joli voile... Seulement, il me semble que, dans l'été, ça doit bien échauffer ?

GEORGINA.

On peut le lever...

HECTOR.

C'est à quoi je pensais... Si vous le leviez un peu, hein ?

GEORGINA.

Je n'y vois pas d'inconvénient. (*Elle lève son voile.*)

HECTOR.

Georgina !

GEORGINA.

Vous serez donc toujours le même, mon cher Hector ?

HECTOR.

Comment, Georgina ! c'est vous qui me faites promener comme ça depuis une heure ? une ancienne...

GEORGINA.

Hein ?

HECTOR.

Une ancienne amie ! c'est joli.

GEORGINA.

On dirait que vous êtes au regret de m'avoir rencontrée ?

HECTOR.

Non, certes... mais on prévient... Vous comprenez qu'on suit une femme parce qu'on ne la connaît pas... du moment qu'on la connaît, on l'aborde franchement, le chapeau à la main, si l'on veut ; mais on ne la suit pas.

GEORGINA.

C'est donc bien amusant de suivre une femme ?

HECTOR.

Si c'est amusant ? mais dites donc qu'il n'y a que ça au monde d'intéressant, d'émouvant, de palpitant ! Je vais voir un drame, une comédie, qu'est-ce que ça me fait que le jeune premier épouse la jeune première ; qu'Alphonso tue Rodrigo ou que Rodrigo tue Alphonso ? Ça m'est bien égal, moi, ça. Tandis qu'au détour d'une rue ou d'une allée, j'aperçois une femme de profil, de trois quarts ou de dos... J'aime mieux que ce soit de dos ; il y a plus d'aliments pour l'hypothèse et l'imagination. Voilà une jolie taille, me dis-je ; une tournure élégante, des épaules rondes... Cette femme doit avoir la poitrine très-bien. Son talon est étroit ? elle doit avoir un joli pied. Sa cheville est mignone ? elle doit avoir une jolie jambe. Oui ; mais est-elle brune ou blonde ? On l'ignore, c'est là qu'est l'intérêt. Je souhaite qu'elle soit brune, voilà un désir. Ciel ! si elle était rousse ! Voilà une crainte. Alors je double le pas; mais soudain il me vient un doute, si c'était une vieille femme bien conservée, bien habillée ?... qui sait ?

GEORGINA.

Les couturières sont si tricheuses !

HECTOR.

Palpitant d'impatience et de curiosité, je dépasse mon inconnue; je me retourne, et qu'est-ce que je vois ? tantôt une douairière, peinte sur toutes les coutures ; tantôt une femme jeune, mais laide, mais commune, mais grêlée ; l'une a des yeux faïence ; l'autre a la bouche fendue avec un sabre ; celle-ci a une fluxion ; celle-là a les dents comme des touches de piano; l'une a le front trop haut, l'autre n'a pas de front du tout ; l'autre a un nez en fer de lance; l'autre enfin est une négresse. Oui, Georgina, l'autre jour j'ai suivi pendant vingt minutes une négresse de 47 ans qui cachait des bandeaux en étoupe sous un chapeau d'Alexandrine.

GEORGINA.

Et vous ne vous êtes pas aperçu... ?

HECTOR.

Si fait !... Dès que je l'ai vue de face.

GEORGINA, *riant.*

Sans doute, mais avant ?

HECTOR.

Avant ? Robe montante, gants paille, chapeau d'Alexandrine. Allez donc imaginer une négresse là-dessous.

GEORGINA.

Pauvre garçon !

HECTOR.

Oh ! il n'y a pas que des négresses, heureusement ! Car souvent...

AIR *de Kradoudja.*

L'inconnue est un ange
Au teint blanc et velouté,
Un trésor sans mélange
De jeunesse et de beauté.
Elle a la taille fine,
Une jambe divine,
Un regard qui calcine
Comme les feux de l'été!
Et ce portrait, ma divine,
Trouvez-vous qu'il soit flatté?

GEORGINA.

Hector!...

HECTOR.

Oui! c'est ainsi que j'ai connu la belle, la charmante Georgina; après l'avoir suivie pendant cinq heures, à pied, à cheval et en voiture au bois de Boulogne et aux Champs-Elysées. (*Une Marchande de plaisirs arrive par la droite, offre aux personnes assises jusqu'à Georgina.*)

GEORGINA.

Et me direz-vous, monsieur, pourquoi, depuis six mois, la divine Georgina n'a pas eu de vos nouvelles?

HECTOR.

Ah! c'est tout une histoire.

GEORGINA.

Contez-la-moi.

HECTOR.

C'est un vrai roman.

GEORGINA.

A plus forte raison... parlez!

HECTOR, *voyant la Marchande, à Georgina.*

Voulez-vous du plaisir?

GEORGINA.

Toujours! (*Hector prend quelques plaisirs qu'il offre à Georgina; il paye la Marchande qui se retire, puis ils s'asseyent à droite. — Les personnages qui restaient en scène se sont retirés un peu avant la Marchande; le Monsieur qui dormait est allé s'asseoir à gauche, 2me plan, et s'y endort de nouveau.*)*

GEORGINA, *s'asseyant.*

Eh bien?

* Hector, Georgina.

HECTOR, *s'asseyant.*

J'étais à l'Odéon... Je ne sais pas pourquoi, mais enfin j'y étais. Je bâillais assez fort et très-souvent; et j'allais quitter la place, quand la porte d'une loge s'ouvre en grinçant... et livre passage à une jeune femme si charmante et si belle qu'on aurait dit... qu'elle le faisait exprès. Un vieux monsieur lui servait de chaperon... Je reprends ma place, comme bien vous pensez; je loue trois lorgnettes, pour en avoir une mauvaise, et je ne quitte plus des yeux cette reine du désert. La pièce finie, je m'élance hors de la salle, déterminé... à suivre... Hélas! trois pouces d'eau, pas de voiture; et j'étais enrhumé comme...

GEORGINA.

Comme un ténor!

HECTOR, *riant.*

Comme un ténor, oui. Comment faire, pour concilier les exigeances de mon cœur et de ma poitrine?... Une idée m'illumine. Je rentre brusquement; je me précipite dans le couloir des numéros pairs, avec le laisser-aller d'une avalanche en voyage; j'enfonce des côtes, je meurtris des chapeaux en disant : Pardon, monsieur; pardon, madame; pardon... Bientôt j'avise ma nymphe au bras de son satyre; je fonds sur lui comme la trombe; je lui écrase le pied, je lui fourre mon coude dans l'œil en criant : Pardon, monsieur, pardon!... — Butor, animal! s'écrie-t-il. — Vous en êtes un autre, monsieur! — Vous m'en rendrez raison, monsieur! — Quand vous voudrez, monsieur! — Voici ma carte, monsieur! — Et voici la mienne. Il me donne son adresse, je lui donne celle de mon avoué... et voilà comment j'appris que la dame demeurait rue de Provence, nº 22.

GEORGINA, *riant.*

Et ce monsieur, l'avez-vous revu?

HECTOR.

Sont tuteur? Jamais!

GEORGINA.

Comment! c'était son tuteur? Et vous m'avez dit• Rue de Provence, 22?

HECTOR.

Oui.

GEORGINA.

Serait-ce le colonel Guérin, par hasard?

HECTOR.

Lui-même. Vous le connaisez?

GEORGINA.

Si je le connais... Mon cher, environ un mois après votre disparition, je fis sa connaissance, chez Miranda.

HECTOR.

Miranda?...

GEORGINA.

Vous savez, celle qui a pour 60 francs de cheveux blonds.

HECTOR.

Et ce monsieur!...

GEORGINA.

Il me fit la cour, oh! mais une cour... il s'est battu trois fois pour moi.

HECTOR.

Bref! Il triompha.

GEORGINA.

Je le mis à la porte.

HECTOR.

Après?

GEORGINA.

Avant.

HECTOR.

Bah!

GEORGINA.

Ma parole.

HECTOR.

C'est différent.

GEORGINA.

Mais il ne se tint pas pour battu... J'étais allée à Etretat prendre les bains de mer... il l'apprend, je ne sais comment; et, un beau matin, nous nous rencontrons nez à nez... sur le dos d'une vague... Bref, après avoir employé, vainement, tous les moyens... vraisemblables, il finit par m'offrir... sa main.

HECTOR.

Vous l'acceptâtes?

GEORGINA.

Parbleu! Il me signa une promesse de mariage... pour de vrai... et...

HECTOR.

Et il prit des à-comptes?

GEORGINA.

Mais!...

HECTOR.

N'en doutez pas... et?...

GEORGINA.

Et depuis deux mois, je ne l'ai pas revu. (*La Loueuse de chaises entre et range à droite et à gauche.*)

HECTOR, *riant.*

Bah!

GEORGINA.

Parti pour je ne sais où!

HECTOR.

Pauvre fille!

GEORGINA.

Ah! ça m'est bien égal!

LA LOUEUSE DE CHAISES, *à Hector.*

Votre chaise, Monsieur. (*Hector lui offre sa chaise, et s'apercevant de sa méprise, il rit et paye. La Loueuse s'éloigne.*)

GEORGINA.

Mais votre histoire, comment a-t-elle fini?

HECTOR.

A peu près comme la vôtre. Le lendemain du jour en question, j'étais installé rue de Provence, en face de mon étoile... Après les doux regards, les doux soupirs, nous en vînmes aux billets doux. (*Ils se lèvent.*)*

AIR : *J'avais juré d'aimer Rosine.*

Elle jurait d'être ma femme,
D'être ma femme;
Et moi je payais de retour
Son tendre amour.
A nous deux nous n'avions qu'une âme,
Nous brûlions de la même flamme...
Mais, un beau jour... (*Bis*)
Elle a filé... sans me dire bonjour!

GEORGINA.

Il y a deux mois?

HECTOR.

Oui.

GEORGINA.

Juste l'époque de mon voyage à Etretat. Mon brigand l'avait emmenée.

HECTOR.

C'est vrai, au fait!

* Georgina, Hector.

GEORGINA.

Je me souviens maintenant d'une jeune fille qui l'accompagnait quelquefois sur les falaises.

HECTOR.

C'était Mathilde ! que votre brigand avait arrachée de mes bras. Mais après tout, si elle n'avait pas cessé de m'aimer, elle m'aurait laissé une ligne d'adieu, un mot d'espoir. Non, Georgina, non ; elle m'a trompé, elle ne m'aime plus.

GEORGINA.

Et vous?

HECTOR.

Moi? Je tâche de l'oublier. (*Il lorgne à droite et à gauche.*)

GEORGINA, *riant.**

En suivant?

HECTOR.

Je vous jure que depuis ma soirée de l'Odéon, vous êtes la première qui m'ayez fait emboîter le pas.

SCÈNE IV.

M. DE CERNY *traverse le théâtre au bras d'un autre jeune homme. — Il salue Georgina, qui lui rend son salut.*

HECTOR.

Quel est ce monsieur?

GEORGINA, *riant.*

C'est de Cerny.

HECTOR.

Pourquoi riez-vous?

GEORGINA.

C'est que je pense à ce qui lui est arrivé hier.

HECTOR.

Qu'est-ce donc?

GEORGINA.

Figurez-vous qu'il avait une affaire d'honneur... On s'est battu au pistolet et les deux champions se portent bien.

HECTOR.

Eh bien, ça prouve que ces messieurs ne sont pas adroits; voilà tout.

GEORGINA.

Ce n'est pas cela... Champcourtois, qui n'a pas de secrets pour moi, était un des témoins de de Cerny, et comme il savait

* Hector, Georgina.

que le pauvre garçon ne voulait être tué, sous aucnn prétexte, il a substitué aux balles de plomb... des balles...

HECTOR.

De coton?

GEORGINA.

Non... de liége.

HECTOR.

Ah! ah! ah! (*Ils remontent.*)

GEORGINA.

Surtout, ne parlez pas de cela; vous comprenez que si l'on savait...

HECTOR.

Je comprends.

GEORGINA, *regardant à la cantonade.*

Tiens! voilà Champcourtois! il me cherche sans doute. Vous permettez?*

HECTOR.

Comment donc!

ENSEMBLE.

AIR *de Castilbelza.*

Qu'il est doux de pouvoir
Se quitter sans s'émouvoir;
Et, pourtant, d'avoir
Du plaisir à se revoir!

GEORGINA.

Aujourd'hui, le destin
Nous rassemble en ce jardin;
On se serre la main...
Et l'on poursuit son chemin.

REPRISE ENSEMBLE.

Georgina sort par la gauche, 2e plan.

SCÈNE V.

HECTOR, EVELINA.*

EVELINA, *regardant autour d'elle d'un air inquiet et avec des signes d'impatience.*

Quel supplice!

HECTOR.

Voilà une petite dame qui n'a pas l'air de s'amuser. J'ai bien envie...

* Evelina, Hector.

ÉVELINA.

Enfin, le voici.

(*Un jeune homme paraît à gauche, 1er plan. Evelina et lui sortent à droite.*)

HECTOR, *qui a tout vu.*

Ah ! complet !... (*Regardant Evelina qui parle avec animation.*) Ou je me trompe fort, ou ceci me représente le dénouement d'une intrigue amoureuse. Il a l'air bête ce jeune homme. La dame remet des lettres au jeune homme qui a l'air bête. Le jeune homme qui a l'air bête lui remet les siennes... Je ne me trompais pas. (*Evelina rentre par le 2 plan.*)

EVELINA.

Adieu, monsieur, adieu. Tout est fini entre nous ! (*Elle traverse le théâtre de droite à gauche et en diagonale, et laisse tomber une lettre.*)

HECTOR.

Elle a laissé tomber une lettre... Madame !... madame !... Ah ! elle est bien loin ! (*Retournant la lettre dans ses doigts ; lisant l'adresse.*) Monsieur Anatole Ledoux. Joli nom ! (*Ouvrant la lettre.*) Si j'étais curieux, pourtant. Tiens ! c'est de l'anglais. (*Lisant.*) *My dear Anatole ; Anatole of my heart !* Quelle jolie langue !... signé : Evelina Legros. Comme voilà deux noms qui vont bien ensemble... Evelina... Legros. Ce doit être une Anglaise qui a épousé un Français. Pauvre homme ! mais avec tout cela, je ne fais pas mes frais, moi... (*Deux dames entrent par la gauche ; d'autres personnages par la droite et traversent le théâtre.*) Georgina qui me fait courir et causer pendant deux heures, comme si j'étais venu ici pour m'amuser. Voyons, Hector, cherche, mon garçon ! (*Regardant à droite avec son lorgnon.*) Encore une négresse !... Ah ça, il en pleut donc ?... (*Regardant à gauche.*) Je voudrais quelque chose dans des couleurs moins foncées. Ah !... voilà une petite qui paraît assez jolie ?... c'est-à-dire qu'elle est très-jolie. Allons-y ! Oh ! elle n'est pas seule ; effaçons-nous et suivons-la de l'œil, d'abord. (*Il se cache derrière un arbre.*)

SCÈNE VI.

HECTOR, *caché*, LEGROS, FLORINE.

(*Ils entrent par la gauche.*)*

LEGROS, *à Florine.*

Que peux-tu craindre ? j'ai autant d'intérêt que toi à garder le secret...

* Legros, Florine. Hector 2e plan.

FLORINE.

Je le crois bien, un homme marié !... C'est joli, monsieur, je le dirai à votre femme...*

LEGROS.

Méchante !... Voyons, Florine, sois raisonnable !

FLORINE.

Non... je ne veux pas !

LEGROS.

Je t'aime tant !... D'ailleurs, où pourrais-tu trouver mieux?

FLORINE.

Avec ça que je suis en peine d'amoureux... et des militaires encore... des hommes gradés...

HECTOR, *à part.*

Elle aime les militaires... elle est en service, c'est sûr...

LEGROS.

Ecoute, je te donnerai une robe de soie à carreaux et un châle...

HECTOR, *quittant sa cachette et se plaçant entre Florine et Legros.*

Un châle ? En quoi, monsieur ?

LEGROS, *à part.*

Le fâcheux ! (*Il sort par la droite en toussant pour se donner une contenance.*)

SCENE VII.

HECTOR, FLORINE.**

HECTOR.

Comment! vous vous sauvez, mademoiselle ?

FLORINE.

Mais, monsieur...

HECTOR.

Après ce que j'ai fait pour vous? après vous avoir débarrassée d'un homme assez audacieux pour vous offrir des châles ?... Ah ! c'est de l'ingratitude !

FLORINE.

Mais, monsieur, vous pourriez bien vous mêler de vos affaires !

HECTOR.

Comment, mademoiselle ! vous regrettez ce monsieur ? je vais vous le rapporter...

* Florine, Legros.

** Florine, Hector.

FLORINE.

Par exemple !

HECTOR.

Si c'est le châle qui vous tient au cœur...

FLORINE.

Croyez bien, monsieur, que je ne reçois de châle de personne !*

HECTOR.

J'en suis convaincu, mademoiselle; aussi n'ai-je pas l'intention de vous en offrir... Ce que je vous offre, moi, c'est une loge à l'Ambigu pour dimanche, un souper chez Truchot ensuite, et mon cœur au dessert...

FLORINE.

Votre cœur ? Ah çà ! monsieur, est-ce que je vous connais, moi ?

HECTOR, *à part.*

Elle a tressailli au nom de l'Ambigu ; décidément, c'est une femme de chambre. Soyons civil, mais gradé. (*Haut.*) Mademoiselle, je m'appelle Narcisse Dunois, maréchal des logis chef aux spahis, en congé illimité.

FLORINE.

Ah ! monsieur est militaire ?

HECTOR.

Oui, ma belle.

FLORINE.

Monsieur redevient d'en Alger ?

HECTOR.

J'en redeviens. Daignerez-vous me dire, à votre tour, à qui j'ai celui de parler ? (*Il lui prend la taille.*)**

FLORINE.

Je ne sais si je dois...

HECTOR.

Vous le devez. D'abord vous vous nommez Florine, un nom charmant ; vous avez vingt ans.

FLORINE.

Dix-neuf, monsieur.

HECTOR.

Vous ne les paraissez pas. Vous êtes sans doute la fille de quelque riche négociant ?

FLORINE.

Non, monsieur.

* Hector, Florine.

** Hector, Florine.

HECTOR.

D'un médecin, d'un agent de change, d'un notaire?... Car vous avez une élégance, une distinction...

FLORINE.

Monsieur se trompe de beaucoup.

HECTOR.

En vérité?

FLORINE.

Et je vais bien étonner monsieur en lui disant que je suis tout simplement... femme de chambre.

HECTOR.

Allons donc! ce n'est pas possible.

FLORINE.

Je vous assure.

HECTOR.

Je reconnais bien là les jeux de la fortune... Et comment se nomme votre maîtresse? — Que fait son mari? — Où demeure-t-il? — Quelle rue? quel numéro? quel étage? Est-ce la porte à droite ou la porte à gauche?

FLORINE.

Il n'y en a qu'une. — Mais pourquoi me demandez-vous tout cela?

HECTOR.

Pour vous revoir, belle Florine; car si vous pouviez lire dans mon cœur l'impression...

FLORINE.

Monsieur Narcisse!...

HECTOR.

Plaît-il? (*A part.*) Ah! c'est juste! je lui ai dit que je m'appelais Narcisse. (*Haut.*) Vous hésitez? douteriez-vous de mon amour?

FLORINE.

Dame...

HECTOR, *frisant sa moustache.*

Si je ne vous aimais pas, je ne vous ferais pas la cour; nous autres militaires, nous avons assez d'occasions...

FLORINE.

Je crois bien qu'avec le physique de monsieur, on ne doit pas être en peine.

HECTOR.

Alors, accordez-moi un rendez-vous.

FLORINE.

Comme ça? tout de suite?

HECTOR.

Mieux vaut tout de suite que jamais.

FLORINE.

Eh bien !... Oh ! voilà monsieur Legros qui revient. (*Elle se sauve par la gauche.*)

HECTOR.

Je ne la quitte pas... Elle est charmante cette petite. (*Il court après elle. Legros traverse le théâtre en se cachant la figure avec son foulard. Le gardien entre par le troisième plan à droite, traverse le théâtre et sort par le premier plan à gauche.*)

SCÈNE VIII.

LES MÊMES, CLÉMENCE, HECTOR. (*Clémence entre par la gauche et vient s'asseoir à droite. Hector la suit.*)*

HECTOR, *à lui-même.*

Mademoiselle Florine... dimanche à deux heures... au jardin des Plantes... devant les singes... j'y songerai... mais ne perdons pas de vue cette dame. (*Hector passe devant elle et la salue. Clémence le regarde d'un air étonné. Il repasse et salue de nouveau. Clémence lui rend son salut d'un air indécis.*)

HECTOR.

Vous vous portez bien, madame ?

CLÉMENCE.

Pardon, monsieur, mais je ne me rappelle pas...

HECTOR.

Hector Duchemin, employé au ministère de l'intérieur.

CLÉMENCE.

Vous me connaissez, monsieur ?

HECTOR.

Non, madame.

CLÉMENCE.

Alors, monsieur, je ne comprends pas...

HECTOR.

Je vais me faire comprendre. (*Il prend une chaise et va pour s'asseoir près de Clémence. Dès qu'il est assis, Clémence se lève.*)** Vous préférez marcher en causant, je suis bien de votre avis... Voulez-vous me faire l'honneur d'accepter mon bras ?

CLÉMENCE.

Votre bras ?

* Hector, Clémence.

** Clémence, Hector.

HECTOR.

Celui qui vous sera le plus commode, madame; ils sont tous deux à votre service.*

CLÉMENCE.

Ah ça, monsieur...

HECTOR.

Vous refusez?

CLÉMENCE.

Assurément.

HECTOR.

Pourquoi cela, madame?

CLÉMENCE.

Parce que je ne vous connais pas, monsieur.

HECTOR.

Je ne vous connais pas non plus, madame.

CLÉMENCE.

Alors, monsieur, je n'ai pas de raisons pour causer plus longtemps avec vous. (*Elle sort à gauche, troisième plan, Hector la suit.*)

SCÈNE IX.

LE COLONEL, DE CERNY.** (*Ils entrent par la droite, deuxième plan.*)

LE COLONEL.

Oui, mon cher de Cerny, c'eût été mon douzième duel!... ça me faisait un compte rond... mais le drôle m'a refusé cette satisfaction.

DE CERNY.

Ah! dame! il n'a pas osé se mesurer avec le brave colonel Guérin.

LE COLONEL.

C'est probable... moi, je n'estime un homme que quand il a eu au moins une affaire. Et vous?

DE CERNY.

Moi aussi... moi aussi, colonel.

LE COLONEL.

A propos! vous ne m'avez pas raconté les détails de votre rencontre.

DE CERNY, *modestement.*

Oh! mon Dieu!...

* Hector, Clémence.

** Le Colonel, de Cerny.

LE COLONEL.

Vous vous êtes battus à quinze pas?...

DE CERNY.

Oui... oui... quinze ou seize.

LE COLONEL.

Et la main ne vous tremblait pas un peu ?

DE CERNY.

Oh ! pas du tout, parole d'honneur. (*A part.*) J'avais de bonnes raisons pour ça.

LE COLONEL.

Bravo !... Ah ça, mais... votre adversaire est, m'a-t-on dit, un tireur de première force.

DE CERNY.

Ah! vraiment? (*A part.*) Fichtre ! Champcourtois a eu une heureuse idée en chargeant... c'est-à-dire en ne chargeant pas...

LE COLONEL.

Vous avez dû entendre au moins siffler la balle à votre oreille.

DE CERNY.

Je ne fais jamais attention à ces choses-là, colonel.

LE COLONEL.

C'est bien !... c'est très-bien !... et vous avez gagné un peu dans mon esprit.

DE CERNY.

Enchanté, colonel !... car mon vœu le plus cher...

LE COLONEL.

Oh ! je n'aime pas ces machines-là !... oui, je vous le dis franchement, je ne vous aimais pas.

DE CERNY.

En vérité ?

LE COLONEL.

Vous me déplaisiez, je ne vous le cache pas... je vous trouvais laid, fade, ridicule.

DE CERNY.

Oh! c'est étonnant !

LE COLONEL.

Je vous avais refusé la main de Mathilde... je vous avais même flanqué à la porte... vous vous en souvenez.

DE CERNY.

Parfaitement... parfaitement !

LE COLONEL.

Mais vous vous êtes battu, et je vous ai dit : Touchez là !...

vous êtes mon homme... Maintenant, que vous soyez laid, ridicule et mal bâti, ça ne fait rien... vous me plaisez, morbleu ! et vous épouserez Mathilde, ma pupille!.. A ce soir le contrat.

DE CERNY, *à part.*

C'est un boulet de 48, que cet homme-là. (*Ils sortent par le premier plan de gauche, Clémence rentre par le troisième plan de droite, et vient s'asseoir à gauche ; Hector, qui l'a suivie sans en être aperçu, disparaît un instant par le troisième plan de gauche, et reparaît du même côté, premier plan.*)

SCENE X.

CLÉMENCE, HECTOR. *

CLÉMENCE, *croyant ne plus être suivie.*

Ah !... (*Apercevant Hector ; elle se lève.*)

HECTOR, *la retenant du geste.*

Pardon, madame; il est de mon devoir de vous prévenir qu'il est inutile de vous donner tant de mouvement. Comme vous ferez, je ferai. (*Clémence s'assied.*)

AIR : *Un homme pour faire un tableau.*

Si vous marchez, je marche aussi ;
Vous arrêtez-vous ? je m'arrête.
Vous asseyez-vous ? c'est ici
Que j'assieds notre tête-à-tête...
Du choix vous n'avez qu' l'embarras ;
Au vôtre je souscris d'avance...
Ainsi donc, ne vous gênez pas...
Moi, je n'ai pas de préférence.

Vous aimez mieux rester assise ? Je suis bien de votre avis. (*Il s'assied.*)

CLÉMENCE.

Seriez-vous assez bon, monsieur, pour me dire le motif de cette persécution ?

HECTOR.

Il est bien simple, madame, et bien naturel ; vous êtes charmante et distinguée autant qu'on peut l'être : — j'ai des yeux ; — et je désire faire votre connaissance.

CLÉMENCE.

C'est très-flatteur pour moi, assurément ; mais si je voulais me soustraire à ce désir, cela ne me serait-il pas possible ?

HECTOR.

Si, vraiment.

* Clémence, Hector.

CLÉMENCE.

Ah! (*Elle se lève.*)*

HECTOR.

Daignez me dire votre nom, votre adresse; et, si vous l'ordonnez, je me retire à l'instant.

CLÉMENCE.

Et s'il ne me plaît pas?

HECTOR.

Alors, madame, je vous suivrai comme votre ombre, et, de cette façon, je finirai par savoir...

CLÉMENCE.

Vous croyez?... Eh bien! monsieur, je vais faire des visites.

HECTOR.

Je vous attendrai à la porte, madame.

CLÉMENCE.

Jusqu'à demain.

HECTOR.

Jusqu'à après demain, s'il le faut.

CLÉMENCE.

Comment saurez-vous si je suis chez moi ou chez une amie?**

HECTOR.

Par le concierge, madame.

CLÉMENCE.

Je lui donnerai vingt francs pour qu'il se taise, monsieur.

HECTOR.

Et moi quarante pour qu'il parle, madame.

CLÉMENCE.

Alors, je lui en donnerai cent, monsieur.***

HECTOR.

Et moi cent cinq, madame.

CLÉMENCE.

Vous êtes donc bien riche, monsieur?

HECTOR.

Une modeste aisance, et beaucoup d'ordre, madame; rien de plus.

CLÉMENCE.

Donner cent francs à un concierge...

* Hector, Clémence.

** Clémence, Hector.

*** Hector, Clémence.

HECTOR.

Cent cinq.

CLÉMENCE.

Soit!... Vous appelez ça de l'ordre?

HECTOR.

C'est ma seule dépense.

CLÉMENCE.

Décidément, vous êtes un original? (*Ici les personnages assis s'en vont sans bruit, sauf le dormeur. Elle s'assied à gauche.*)*

HECTOR.

Oui, madame...

CLÉMENCE.

Ainsi, monsieur, il faut que je vous donne mon adresse, ou que je subisse votre poursuite jusqu'à ce que vous l'ayez découverte.

HECTOR.

Il y a encore pour vous une porte de salut, madame.

CLÉMENCE.

Ah! parlez...

HECTOR.

C'est d'accepter mon bras, ou de me permettre de causer une heure avec vous. A ce prix, je m'engage à ne pas vous suivre.

CLÉMENCE.

Mais, monsieur, c'est de l'extravagance!

HECTOR.

Pourquoi cela?... Parce que vous ne me connaissez pas... C'est dommage, car je gagne à être connu. Voyons, dans un bal, est-ce que vous connaissez plus que moi le danseur qui, pendant la durée d'un quadrille, vous fait des variations sur la pluie, le beau temps et la chaleur... en vous marchant sur les pieds?... Connaissez-vous plus que moi le bienheureux valseur à qui vous abandonnez votre taille flexible, vos mains gantées et vos épaules nues?... Non, n'est-ce pas?... Eh bien! supposez que nous sommes au bal et que nous dansons sur des chaises, vous en robe montante et moi en cravate bleue.

CLÉMENCE, *se levant et laissant tomber son mouchoir.***

Ah! vous poussez loin la plaisanterie, monsieur.

HECTOR, *qui a ramassé le mouchoir.*

Elle cessera quand vous voudrez, madame.

* Clémence, Hector.

** Hector, Clémence.

CLÉMENCE.

Le plus tôt sera le meilleur.

HECTOR.

Tout de suite, alors... Dites-moi votre nom, et...

CLÉMENCE.

Et je serai délivrée de vous?

HECTOR.

Sur-le-champ.

CLÉMENCE.

Eh bien, monsieur, je m'appelle... Henriette... Berthier.

HECTOR, *regardant la marque du mouchoir.*

Quelle rue, s'il vous plaît?

CLÉMENCE.

Rue de la Madeleine.

HECTOR.

Quel numéro?

CLÉMENCE.

N° 20... Etes-vous content?

HECTOR.

Très-content, madame. (*Clémence fait quelques pas. Hector la suit.*)

CLÉMENCE, *se retournant.*

Comment, monsieur, encore?... malgré votre promesse?

HECTOR.

Oh! maintenant, madame, je serai impitoyable.

CLÉMENCE.

Pourquoi cela?

HECTOR.

C'est une trahison, un abus de confiance!

CLÉMENCE.

Expliquez-vous, monsieur.

HECTOR.

Vous me dites : Henriette Berthier, et votre mouchoir est marqué C. D.

CLÉMENCE, *à part.*

Maladroite!

HECTOR.

Vous m'avouerez qu'avec la meilleure volonté du monde je ne puis admettre que C D soient les initiales d'Henriette Berthier. Ce n'est pas vraisemblable.

CLÉMENCE.

Eh bien, oui, monsieur, je vous ai trompé.

HECTOR.

Pourquoi cela?

CLÉMENCE.

Parce que je trouve inutile de vous donner mon adresse.

HECTOR, *insistant.*

Mais pourquoi cela?

CLÉMENCE.

A quoi cela vous eût-il servi?... Vous ne seriez pas venu chez moi, j'imagine?

HECTOR.

Cela dépend, madame.

CLÉMENCE.

Comment, cela dépend?

HECTOR.

Dans le cas où vous eussiez laissé sans réponse des lettres pleines de convenance, je me serais déterminé, quoique à regret...

CLÉMENCE.

Mais vous ne songez donc pas, monsieur, que je puis avoir un mari!

HECTOR.

Oh! alors, c'est différent. Si vous avez un mari... je prendrai des renseignements sur son compte; et s'il vous rend heureuse, s'il est digne de vous, je cesserai mes poursuites.

AIR : *Du Luth galant.*

Sinon, madame, en tous lieux je vous suis;
Jusqu'en enfer..... jusques en Paradis;
En France, à l'étranger, sur la terre et sur l'onde;
Oui! nouveau juif-errant, je poursuivrai ma ronde,
Dussé-je, sur vos pas, faire le tour du monde!
Voilà comme je suis! (*Bis.*)

CLÉMENCE.

Tenez, monsieur, tâchons d'en finir... Tantôt, vous m'avez proposé, comme alternative, ou de vous dire mon nom, ou de vous accorder une heure d'entretien... Voilà trois quarts d'heure que nous causons... Continuons... et dans un quart d'heure...

HECTOR.

Permettez... vous avez voulu me tromper... Nous ne sommes plus dans les mêmes conditions.

CLÉMENCE.

Pardon, monsieur... mais il faut que je dîne.

HECTOR.

Moi aussi, madame.

CLÉMENCE.

Eh bien ! alors...

HECTOR.

Eh bien ! si nous dînions ensemble.

CLÉMENCE.

Plaît-il ?... Tenez, monsieur, je vais appeler le premier passant et me mettre sous sa protection.

HECTOR.

La belle avance! demain je tuerai ce passant, ou il me tuera... et, en attendant, je ne vous en suivrai pas moins.

CLÉMENCE, *subitement*.

Quelle idée! Pourquoi pas? (*Haut.*) Vous seriez donc bien heureux si nous dînions ensemble...

HECTOR.

Ah! madame.

CLÉMENCE.

Eh bien, monsieur, j'y consens.

HECTOR, *avec joie*.

Que de bontés ?... Allons-nous à Madrid...

CLÉMENCE.

Fi donc ?...

HECTOR.

Vous préférez dîner chez moi ?

CLÉMENCE.

Non, c'est chez moi que nous dînerons.

HECTOR.

Chez vous ?

CLÉMENCE.

Cela vous déplaît ?

HECTOR.

Vous ne le croyez pas !

CLÉMENCE.

Alors, monsieur, votre bras... J'attends.

HECTOR.

Comment! tout de suite ?

CLÉMENCE.

Ne feriez-vous l'injure d'un refus ?

HECTOR.

Non certes... mais...

CLÉMENCE.

Mais... quoi ?

HECTOR.

Je ne suis guère en toilette.

CLÉMENCE, *riant.*

Bah ! entre amis ?... et puis, n'est-ce pas un impromptu ?

HECTOR.

Du moment que vous excusez... je vais faire avancer une voiture, n'est-ce pas ?

CLÉMENCE.

C'est inutile, j'ai la mienne.

HECTOR.

Hein ? vous avez une...

CLÉMENCE.

Cela vous étonne ?

HECTOR.

Nullement... Je voulais dire : Vous n'en avez qu'une...

CLÉMENCE.

J'en ai trois, monsieur.

HECTOR, *à part.*

Mazette !

CLÉMENCE.

Prenez mon ombrelle.

HECTOR, *à part.*

Je ne sais plus où j'en suis, moi.

CLÉMENCE.

Quelle drôle de figure vous me faites !

HECTOR.

Moi !... c'est la surprise... le plaisir... (*S'examinant.*) Trois voitures !... Et moi qui suis en cravate bleue.

CLÉMENCE.

Allons ! votre bras.

HECTOR.

De quel côté allons-nous ?

CLÉMENCE.

Par ici.

HECTOR.

Vous demeurez loin ?

CLÉMENCE.

Non... Faubourg Saint-Honoré.

HECTOR.

C'est un beau quartier !

CLÉMENCE.

Très-beau... (*Ils remontent.*)

HECTOR, *à part.*

Que diable ça peut-il être? C. D... Catherine Deux... Enfin, nous verrons bien... (*Ils sortent par la droite bras dessus, bras dessous, en causant familièrement. Le Monsieur endormi qui s'appuyait sur une chaise, tombe, pendant que le rideau baisse.*)

ACTE II.

Un salon très-élégant. — Etagères. — Objets d'art et trois portes au fond. — Portes latérales. — Un piano à droite. — La porte du fond ouvre sur une antichambre. A gauche, près d'un canapé, un petit guéridon avec des journaux.

SCÈNE I.

Au lever du rideau, DEUX LAQUAIS *sont à demi couchés sur la banquette de l'antichambre, qu'on aperçoit par la porte du fond qui est ouverte. On entend le bruit d'une voiture; elle s'arrête, et la voix du cocher demande qu'on ouvre.*

LE COCHER, *au dehors.*

Porte!... plaît!...

PREMIER DOMESTIQUE, *poussant l'autre qui dort.*

Dis donc, Pierre, voilà la voiture qui rentre.

DEUXIÈME DOMESTIQUE, *sans bouger.*

C'est madame.

PREMIER DOMESTIQUE.

Ou monsieur.

DEUXIÈME DOMESTIQUE, *se levant.*

Qu'est-ce que ça me fait? (*Ils se lèvent lentement, ouvrent toute grande la porte du salon, et se rangent de chaque côté. Clémence et Hector paraissent. Hector donne la main avec embarras à Clémence, qui a le sourire sur les lèvres. Les domestiques s'inclinent respectueusement. Hector, visiblement troublé, leur rend leur salut.**

CLÉMENCE.

Que faites-vous donc, monsieur?

* Clémence, Hector.

HECTOR, *troublé, à part.*

Allons, bon ! voilà que je salue les domestiques, maintenant ! (*Haut.*) Madame, veuillez excuser toutes mes maladresses ; mais cette aventure est singulière...

CLÉMENCE, *d'un air moqueur.*

Singulière ? mais non. Je n'avais pas l'honneur de vous connaître ; je vous ai invité à dîner ; vous avez accepté... je ne vois là rien que de très-naturel.

HECTOR.

Ah ! pourtant, j'ai été un peu indiscret.

CLÉMENCE, *même jeu.*

Nullement, monsieur, au contraire.

HECTOR.

Au contraire ?... (*A part.*) Elle se moque de moi, c'est évident.

CLÉMENCE.

Si vous saviez le service que vous me rendez ?

HECTOR.

Un service ?

CLÉMENCE.

Oui, monsieur ; vous allez rire de ma simplicité, mais que voulez-vous ? c'est une superstition d'enfance...

HECTOR.

Je ne vous comprends pas... tout à fait.

CLÉMENCE.

Eh bien, monsieur, sans vous...

HECTOR.

Sans moi ?...

CLÉMENCE.

Nous eussions été... treize à table.

HECTOR, *bondissant.*

Treize ! nous serons donc quatorze ?

CLÉMENCE.

Oui, monsieur !

HECTOR, *à part.*

Un tête-à-tête... à quatorze !

CLÉMENCE.

Est-ce que cela vous contrarie ?

HECTOR.

Par exemple ! madame ! trop heureux !... c'est-à-dire... certainement que ça me contrarie, moi qui espérais...

CLÉMENCE, *avec un grand air.*

Vous espériez?...

HECTOR.

J'espérais... que nous serions davantage.

CLÉMENCE.

Oh ! je reçois ici une société peu nombreuse... (*très-gracieusement*) mais choisie.

HECTOR, *saluant.*

Madame... (*A part, en s'arrêtant.*) Au fait, ce n'est pas pour moi qu'elle dit ça.

CLÉMENCE.

Monsieur, je vous demanderai la permission de vous quitter un moment... Je vais ôter mon mantelet.

HECTOR, *étourdiment.*

Je l'espère bien.

CLÉMENCE.

Vous dites?

HECTOR, *barbotant.*

Je dis que... c'est bien naturel; mais ne l'ôtez pas pour moi, je vous en prie.

CLÉMENCE.

Hein?

HECTOR, *ahuri.*

Pardon... Je veux dire : De grâce, mettez-vous à votre aise... faites comme chez vous. (*Clémence rit.*) Je deviens complétement idiot. (*Clémence lui fait une révérence et fait quelques pas vers la gauche.*)

HECTOR, *s'élançant.*

Madame, permettez-moi de... (*Il veut lui offrir la main et marche sur sa robe. Clémence pousse un petit cri.*)

HECTOR.

Qu'est-ce donc, madame!

CLÉMENCE, *près de la porte, 1er plan.*

Grâce pour ma robe, monsieur?

HECTOR.

Oh! pardon... (*Il fait un pas en arrière et renverse le guéridon.*) Oh! pardon... (*Clémence sort en riant pendant qu'il relève le guéridon.*)

CLÉMENCE, *à part.*

Ah! vous me le payerez, monsieur l'indiscret. (*Elle sort par la gauche.*)

SCENE II.

HECTOR, *seul.*

Il n'est pas cass... elle est partie, tant mieux... (*Un temps.*) Morbleu! Ventrebleu! Sacrebleu! Je dois être rouge jusqu'aux oreilles. (*Allant à une glace.*) Je le suis, et ça ne me va pas bien... Je suis affreux... J'ai une barbe de Californien; et cette cravate, cette horrible cravate bleue... C'est elle qui est la cause de tous mes malheurs. Je n'ai pas d'esprit, moi, quand je suis mal habillé. Le fait est que je me suis conduit comme un cocher. J'avais beau me creuser la tête, je n'ai pas trouvé d'autre sujet de conversation que son attelage, deux gris pommelés dont j'ai chanté les louanges sur tous les tons.

AIR : *Le beau Lycas aimait Thémire.*

« Ah! les nobles têtes! disais-je;
Quel jarret flexible et nerveux!
On voit, sous leur robe de neige,
Courir leurs muscles vigoureux!
Lancés dans leur course intrépide,
La vapeur ardente et rapide
Semble jaillir de leurs naseaux,
Que l'on prendrait pour deux fourneaux...»
En un mot, j'étais plus stupide
Que ces superbes animaux!

(*Regardant les meubles.*) C'est très-propre, ici. A propos, chez qui suis-je? Chez une demoiselle? chez une femme mariée? chez une veuve? Voyons donc si quelque indice... (*Il regarde dans la chambre à gauche dont la porte est entr'ouverte.*) Des rideaux de satin blanc doublé de rose... des fleurs... des oiseaux. C'est une demoise... Ah! mais, j'ai aperçu dans l'antichambre deux griffons et trois perroquets. C'est une veuve. (*Il est arrivé à la porte de droite.*) Ah! mon Dieu! mais non! plus de doute! Ce meuble gigantesque!... C'est une femme mariée. (*Un temps.*) Après ça, c'est peut-être le lit de François Ier offert par le musée du Sommerard. (*Arrivé à une table où sont des journaux.*) Ah! des journaux! La Sylphide, c'est une demoiselle. Le Constitutionnel! c'est un vieux garçon! Je n'y suis plus du tout; mais que m'importe? Je suis ici, j'y reste, et je dînerai, morbleu! et je serai plein de gentillesses et de facéties... en redingote et en cravate bleue.

SCÈNE III.

HECTOR, D'ERMONT.* (*D'Ermont entre sans voir Hector; il souffle bruyamment, s'évente avec son mouchoir et vient tomber dans un fauteuil*)

D'ERMONT.

Ouf! la séance est levée! (*Il se frappe les oreilles avec la paume de la main.*)

HECTOR.

Ah! ah! un des treize, sans doute. Il paraît surmené.

D'ERMONT.

Je n'entends plus, je ne vois p... (*Apercevant Hector.*) Ah! cependant, j'entrevois un monsieur. (*Se levant péniblement.*) Pardon, monsieur; je ne vous avais pas remarqué.

HECTOR, *saluant.*

Monsieur...

D'ERMONT.

Vous désirez peut-être parler à madame d'Ermont?

HECTOR.

Je la quitte à l'instant, monsieur, et je l'attends... Elle va venir.

D'ERMONT, *qui avait fait un pas pour sortir, se rasseyant avec volupté.*

Elle va venir?... tant mieux... Je suis brisé... Monsieur, vous permettez?

HECTOR.

Asseyez-vous donc, je vous en prie.

D'ERMONT, *s'étendant.*

Bien obligé... Ah! quelle séance, monsieur!...

HECTOR.

Monsieur est représentant?

D'ERMONT, *avec soupir.*

Oui, monsieur, du Vaucluse... Je suis né à Avignon.

HECTOR.

Sur le pont?

D'ERMONT, *distrait.*

Dans la grande rue... Vous êtes aussi représentant, monsieur?

HECTOR.

Pardonnez-moi, monsieur.

* Hector, d'Ermont.

D'ERMONT.

Pourquoi donc n'êtes-vous pas représentant?.. Je le suis bien, moi. (*Hector le regarde étonné. D'Ermont se levant.*) Oh! ne faites pas attention, monsieur, je suis toujours comme ça quand je quitte la séance.

HECTOR.

Celle-ci a été fort agitée?

D'ERMONT.

Ah! monsieur... moins que la sonnette du président... et au milieu de ce charivari, un orateur qui parlait! qui parlait!...

HECTOR.

En quel sens?

D'ERMONT.

En long! monsieur, en très-long! (*Hector rit très-fort. Clémence paraît au fond.*)

D'ERMONT.

Ah! tenez, voici ma femme. (*Le rire d'Hector est coupé net en deux.*)

HECTOR.

Sa femme!...

CLÉMENCE, *près de son mari.*

Ah! vous voilà!...

HECTOR, *sautant.*

Ce n'était pas le lit de François Ier!

SCÈNE IV.

D'ERMONT, HECTOR, CLÉMENCE.*

CLÉMENCE, *à Hector.*

Pardonnez-moi, monsieur, de vous faire attendre... (*Hector salue. A d'Ermont.*) Mon ami, je vous présente monsieur... (*ils se saluent*) que je ne connais pas... (*D'Ermont regarde Hector avec étonnement. L'embarras de celui-ci se dessine. Continuant.*) J'ai rencontré monsieur aux Tuileries... Il a tellement insisté pour me faire accepter à dîner...

D'ERMONT, *à part.*

A dîner!

CLÉMENCE.

Que j'aurais cru manquer aux convenances en ne lui rendant pas sa politesse.

* Hector, Clémence, d'Ermont.

HECTOR.

Ah! madame!...

CLÉMENCE, *à mi-voix.*

Je vous ai dit que je me vengerais, monsieur; je commence. (*Elle parle bas à son mari.*)

HECTOR, *à part.*

Il va me faire jeter par la fenêtre, c'est sûr... (*Regardant.*) C'est haut.

D'ERMONT, *bas.*

C'est fort plaisant. (*S'avançant vers Hector.*) Monsieur,* je suis enchanté de faire votre connaissance... Donnez-vous donc la peine de vous asseoir.

HECTOR.

Monsieur...

D'ERMONT.

Je vous en prie.

HECTOR.

Mais, monsieur...

D'ERMONT.

Je l'exige.

HECTOR.

Comme il vous plaira. (*Hector et d'Ermont s'asseyent à gauche, après les politesses d'usage.*)

D'ERMONT, *avec bonhommie.*

Vous suivez donc les femmes, monsieur? (*Clémence se met au piano et joue quelques mesures en sourdine.*)

HECTOR, *avec embarras.*

Mon Dieu, monsieur...

D'ERMONT.

Vous avez bien raison, allez.

HECTOR.

Plaît-il?

D'ERMONT.

C'est quelquefois fort amusant, n'est-ce pas?

HECTOR.

Monsieur, croyez bien...

D'ERMONT.

Comme ça, vous invitiez ma femme à dîner, tout de suite, sans la connaître, sur sa bonne mine?

* Hector, d'Ermont, Clémence.

HECTOR.

Mais... monsieur, si j'avais su que... (*Même jeu de Clémence.*)

D'ERMONT.

C'est fort aimable à vous, monsieur ; et nous tâcherons de n'être pas en reste de civilité avec un chevalier si courtois.

HECTOR.

Encore une fois, monsieur, j'ignorais...

D'ERMONT.

Ainsi, vous nous restez à dîner ?

HECTOR.

Ah ! monsieur, vous comprenez...

D'ERMONT.

Comment! vous faites des façons... Je vois ce que c'est ; vous en voulez à Clémence de n'avoir pas accepté votre invitation.

HECTOR.

Monsieur !

D'ERMONT.

Mais ce n'est pas sa faute ; elle avait du monde à dîner ; ce sera pour une autre fois.

HECTOR, *se levant.*

Oh ! monsieur !...

D'ERMONT, *se levant.*

Vous ne pouvez objecter un engagement préalable, puisque vous faisiez à ma femme l'honneur...

HECTOR, *à part, se levant.*

Je n'avais pas prévu ça, moi ? Il me jette par la fenêtre... moralement... c'est encore plus haut.

UN DOMESTIQUE, *annonçant.*

Madame et mademoiselle Duprez.

CLÉMENCE.

Ah ! c'est Jenny, une de mes amies de pension... une demoiselle à marier, monsieur... Je vais vous présenter... (*D'Ermont va au devant des dames annoncées.*)

HECTOR.

Madame, vous aurez pitié...

CLÉMENCE.

De la pitié ? Vous avez donc oublié les Tuileries, monsieur ?... (*Elle va au-devant des dames.*)

HECTOR, *à part.*

Eh bien ! ça va être gai pour moi. (*Il passe à droite.*)

SCÈNE V.

LES MÊMES, Mme et Mlle DUPREZ.*

CLÉMENCE, *traînant Hector par la main.*

Mesdames, je vous présente monsieur que je ne connais pas ; je l'ai rencontré aux Tuileries. (*Elle continue à voix basse ; Hector s'éloigne de quelques pas en saluant de son mieux. Les deux Dames se mettent à rire. D'Ermont les fait asseoir à gauche et s'assied près d'elles.*)

HECTOR, *à lui-même.*

Je suis fâché de ne pas être parti ce matin pour la campagne.

LE DOMESTIQUE, *annonçant.*

Monsieur et madame Chavigny.

HECTOR, *à part.*

Ça va recommencer. (*Il cherche à s'échapper par la gauche. Clémence va au-devant de ses invités. Elle cherche Hector des yeux, le découvre et descend vers lui. D'Ermont cause avec les nouveaux venus.***)

HECTOR, *à part.*

Je suis pris. (*Bas, à Clémence.*) Madame, je vous en supplie, ne...

CLÉMENCE.

C'est la peine du talion, monsieur.

HECTOR, *avec désespoir.*

Eh bien ! c'est bien fait !

CLÉMENCE.

Mes bons amis, je vous présente monsieur, que je ne connais pas. Je l'ai rencontré aux Tuileries, et... (*Elle continue tout bas. Hector salue d'un air contraint et gagne le milieu du théâtre. Tous les personnages sont assis à gauche ; Hector est fusillé par des regards moqueurs et des rires comprimés.*)

HECTOR, *passant à droite, et dans ses dents.*

Ils rient ! Heu ! je rirais bien aussi, si j'en avais envie ; mais je n'en ai pas envie. (*Chuchottements.*)

HECTOR, *regardant de côté.*

Il est probable qu'on parle de moi.

CHAVIGNY, *à Clémence.*

Aux Tuileries ! (*Il rit.*) Ha ! ha ! ha !

HECTOR, *à part.*

Qu'est-ce que je disais !

* D'Ermont, les deux Dames, les autres personnages, 2e plan. Clémence, Hector.

** Hector, Clémence.

D'ERMONT.

Vous ne vous asseyez pas, monsieur... monsieur?... Comment vous appelle-t-on, mon jeune ami?

HECTOR, *arpentant le théâtre.*

Hector Duchemin.

D'ERMONT.

Ah! c'est un nom qui vous va bien; car, avec vos habitudes, on doit en faire du chemin... Ha! ha! ha! (*On rit.*)

HECTOR, *se démenant.*

Je voudrais être dans un puits.

CHAVIGNY.

Monsieur sert dans l'infanterie?

D'ERMONT, *riant.*

Non! il est... arpenteur. (*Se levant et marchant derrière lui.*) Vous suivez quelqu'un, monsieur Duchemin? (*On rit.*)

HECTOR.

Non, je regardais les tableaux. (*On rit.*) Qu'est-ce qu'ils ont encore? (*Parcourant le salon des yeux.*) Allons, bon, il n'y en a pas! Oh! si on pouvait battre le rappel. (*D'Ermont se rassied à gauche.*)*

CLÉMENCE, *s'approchant d'Hector.*

Eh bien! monsieur, qu'en dites-vous?

HECTOR.

Madame, je vous en prie, laissez-moi m'en aller.

CLÉMENCE.

Allons donc! nous serions treize!

HECTOR.

Alors, soyez généreuse et pardonnez-moi. (*On se lève.*)

CLÉMENCE.

Plus tard, peut-être.

HECTOR, *avec sentiment.*

Pourtant, madame, vous vous nommez Clémence.

CLÉMENCE.

Des jeux de mots! Alors, vous n'êtes pas au bout. (*Elle retourne à ses invités.*)

D'ERMONT, *dans le fond, à ses invités.*

A propos, mesdames, vous savez que ma galerie de tableaux

* D'Ermont, Clémence, Hector.

est complétement restaurée.* (*A Hector.*) Vous êtes amateur, monsieur Duchemin? J'en ai de très-beaux... Il y a surtout un Albane... Aimez-vous les Albanes?...

HECTOR.

Hein! Ah! pardon! les Albanes! Si j'aime les Albanes? J'en ai un superbe dans ma pendule... Non! en face de ma pendule. (*A part.*) Je ne sais plus ce que je dis.

D'ERMONT.

Eh bien! nous allons passer dans la galerie, en attendant le dîner.

AIR *nouveau d'Hervé.*

Suivez-moi, je vous prie,
Vous verrez mes tableaux;
J'ai, dans ma galerie,
Réuni les plus beaux.

TOUS.

Oui, puisqu'il nous en prie,
Allons voir ses tableaux;
Car cette galerie
Réunit les plus beaux.

(*D'Ermont prend le bras aux dames Duprez. Clémence a pris celui de Mlle Chavigny. Duchemin les suit avec Chavigny. Arrivés à la porte de droite, ils se font des politesses pour passer. — Hector revient sur ses pas à reculons; il se précipte sur son chapeau, s'élance vers la porte du fond, et se trouve en face de Mathilde qui vient d'entrer par la gauche.*)

SCENE VI.

HECTOR, MATHILDE.**

MATHILDE, *poussant un cri.*

Ah!

HECTOR.

Ciel!

MATHILDE.

Monsieur Hector!

HECTOR.

Mathilde! vous ici!... par quel heureux hasard?...

MATHILDE.

Et vous, monsieur?

HECTOR, *embarrassé.*

Moi?

* Clémence, d'Ermont, Hector.
** Mathilde, Hector.

MATHILDE.

Vous connaissez donc Mme d'Ermont?

HECTOR.

Mme d'Ermont?... Si je connais Mme d'Ermont... parbleu!... puisque...

MATHILDE.

Depuis quand donc?

HECTOR.

Depuis... depuis... Chère Mathilde, que je suis heureux de vous revoir!

MATHILDE.

Vraiment?

HECTOR.

En doutez-vous?

MATHILDE.

Assurément, après votre conduite envers moi...

HECTOR.

Ma conduite? Comment! c'est vous qui m'accusez, après m'avoir quitté comme vous l'avez fait?

MATHILDE.

Mais ma lettre vous expliquait...

HECTOR.

Quelle lettre?

MATHILDE.

Celle que je vous ai écrite le jour de mon départ.

HECTOR.

Je n'ai rien reçu... et que disait cette lettre?

MATHILDE.

Elle vous disait que mon tuteur m'enlevait brusquement pour me conduire...

HECTOR.

A Étretat?

MATHILDE, *étonnée*.

Oui!

HECTOR.

Étretat!... Georgina!... c'est bien ça!...

MATHILDE.

Mais, vous saviez donc?...

HECTOR.

Depuis ce matin seulement. Continuez... Vous disiez que votre tuteur, le colonel Guérin, vous conduisit à Étretat.

MATHILDE.

Oui, pour me faire prendre les bains, dans l'intérêt de ma santé, disait-il ; et je me portais très-bien.

HECTOR.

Mais les bains vous ont rendue malade ?

MATHILDE.

Justement.

HECTOR.

Pauvre petit ange !... Ça va mieux, dites ?

MATHILDE.

Ça va bien, je vous remercie. Mais, à propos, je ne veux plus que vous me parliez.

HECTOR.

Pourquoi donc ?

MATHILDE.

Parce que je ne vous aime plus, monsieur.

HECTOR.

Vous m'aimiez donc ?

MATHILDE.

Oui, monsieur.

HECTOR.

Beaucoup ?

MATHILDE.

Eh bien, oui, monsieur, beaucoup... et je suis bien aise de vous le dire pour vous punir de ne m'avoir pas su trouver.

HECTOR.

Vous êtes charmante !

MATHILDE.

Oui, monsieur, je suis charmante.

HECTOR.

Et c'est bien fait... n'est-ce pas... parce que je serai mieux puni...

MATHILDE.

Mais certainement.

HECTOR.

Oh ! ne m'accusez pas d'indifférence, Mathilde ; j'ai fait pour vous retrouver tout ce qu'un mortel peut faire. J'ai battu Paris à plate couture ; j'ai visité tous les jardins, promenades, magasins, monuments.

AIR *de Voltaire chez Ninon.*

A tous les échos d'alentour
Je disais votre nom, ma chère !

Mais en vain.— Et jusqu'à ce jour,
A mes vœux le sort fut contraire;
Mais pourquoi me le reprocher?
Mon cœur sera des plus fidèles,
Mathilde, puisqu'à vous chercher
Mon amour vient d'user ses ailes.

MATHILDE.

Monsieur Hector!...

HECTOR.

Ne craignez rien; je prends tout sur moi, ma chère Mathilde! ma femme! (*Il lui baise la main.*)

MATHILDE.

Monsieur!

HECTOR.

Je prends tout sur moi!

MATHILDE.

On vient! (*Elle se dégage vivement et s'éloigne. Hector lui fait un grand salut bien cérémonieux, Mathilde y répond par une réverence de pensionnaire. Clémence paraît à la porte de droite avec une femme de chambre. Elle se dirigeait vers la porte de gauche; en voyant Hector et Mathilde, elle s'arrête.*)

HECTOR, *effrayé.*

Madame d'Ermont!... je l'avais oubliée!

MATHILDE.

Bonjour, ma tante.

HECTOR, *sautant.*

Sa tante!

CLÉMENCE.

Bonjour, Mathilde... (*A sa femme de chambre.*) Tenez, vous trouverez les clefs de l'argenterie dans le chiffonnier. (*La femme de chambre sort; Clémence descend en souriant.*)

HECTOR, *à part.*

Je n'ai pas une goutte de sang dans les veines.

SCÈNE VII.

HECTOR, MATHILDE, CLÉMENCE.*

CLÉMENCE.

Ma chère Mathilde, je te présente monsieur... (*Mathilde salue*) que je ne connais pas.

MATHILDE.

Hein?

* Mathilde, Clémence, Hector.

HECTOR.

Aïe !... (*Clémence continue à voix basse.*)

HECTOR, *observant les deux femmes.*

Madame d'Ermont rit beaucoup, Mathilde ne rit pas ; ah ! je suis bien fâché de ne pas être parti ce matin pour...

CLÉMENCE.

Vous nous boudez, monsieur ?

HECTOR.

Mais, madame, vous voulez donc que je sorte d'ici avec des cheveux blancs?

CLÉMENCE.

Ma nièce est jeune et crédule, monsieur, et j'ai dû la mettre en garde contre un poursuivant tel que vous.

HECTOR, *d'un ton solennel.*

Madame, je déclare qu'au prix de votre acharnement l'estrapade et le chevalet n'étaient que des jeux de société. (*Clémence part d'un grand éclat de rire.*)

CLÉMENCE, *à Hector.*

Mais, pardon, Monsieur... les devoirs d'une maîtresse de maison... (*Elle salue et remonte en riant.*) Viens-tu, Mathilde? *

MATHILDE.

Oui, ma tante : mais, c'est que... il faut que je repasse mon morceau pour ce soir.

ENSEMBLE.

AIR : *O douleur amère !* (12 Travaux d'Hercule, final.)

MATHILDE, *à part.*

De ma confiance
Dieu veut me punir,
Et mon espérance
Déjà doit finir.

CLÉMENCE, *idem.*

De sa persistance
J'ai dû le punir ;
Pourtant, ma vengeance
Bientôt va finir.

HECTOR.

D'une extravagance
C'est trop me punir !
Horrible vengeance !
Quand dois-tu finir ?

(*Clémence sort.*)

* Hector, Clémence, Mathilde.

SCÈNE VIII.

HECTOR, MATHILDE.*

HECTOR, *suivant Clémence du regard.*

Mais c'est une véritable vendetta. Cette maudite phrase me poursuivra donc toujours? « Je vous présente Monsieur, que je ne connais pas... » C'est affreux, ça ; car, cette enfant, je l'aime! Je... (*Quand Clémence est sortie, Mathilde est allée au piano sur le pupitre duquel est un morceau tout ouvert.— Elle reste debout et tourne machinalement quelques pages; puis elle tire son mouchoir et essuye ses larmes à la dérobée.*)

HECTOR, *s'apercevant qu'elle pleure et s'élançant vers elle.*

Vous pleurez, Mathilde?

MATHILDE, *se cachant la tête dans ses mains.*

Non, monsieur, je ne pleure pas.

HECTOR.

Que vous a dit votre tante?

MATHILDE.

Elle ne m'a rien dit, monsieur.

HECTOR.

Mathilde, je vous en prie, ne me boudez pas.

MATHILDE.

Je ne boude pas, monsieur, j'étudie. (*Elle continue à tourner les pages d'une main et à s'essuyer les yeux de l'autre.*)

HECTOR.

Voyons, ma bonne petite Mathilde, votre tante vous a raconté...

MATHILDE.

Elle ne m'a rien raconté, monsieur.

HECTOR.

Ecoutez au moins ma justification.

MATHILDE, *s'asseyant sur le tabouret et tournant le dos au piano.*

Je n'ai pas le temps... Il faut que j'étudie.

HECTOR.

C'était une folie sans conséquence, une étourderie, rien de plus.

MATHILDE, *se levant.*

Non, monsieur, c'est un crime.

HECTOR.

Un crime?

MATHILDE.

Oui, monsieur, un crime! moi qui souffrais tant là-bas de ne pas vous voir!

* Hector, Mathilde.

HECTOR.

Quoi !...

MATHILDE.

Laissez-moi étudier.

HECTOR,

Pasavant q ue vous m'ayez entendu.

MATHILDE.

Mais parlez donc, monsieur ? ma tante m'a dit que vous suiviez toutes les femmes et que vous les invitiez à dîner.

HECTOR.

Par exemple ! mais ma modeste aisance n'y suffirait pas ; et cette accusation tombe d'elle-même.

MATHILDE.

Mais enfin, monsieur, vous avez invité ma tante.

HECTOR, *embarrassé.*

Ah ! votre tante... c'est différent.

MATHILDE.

Vous saviez donc qu'elle était ma tante ?

HECTOR, *vite.*

Hein ? oui, oui ! je le savais !

MATHILDE.

Pourquoi ne me l'avez-vous pas dit tout de suite ?

HECTOR.

C'est que je n'y ai pas pensé, mais je le savais.

MATHILDE.

Comme vous mentez ! tout à l'heure, vous disiez que c'était une étourderie.

HECTOR, *se battant les flancs.*

Eh bien ! oui, une étourderie, c'en était une, après tout ; l'amour seul me l'avait fait commettre ; mais, enfin, c'en était une. J'avais suivi votre tante; mais... pouvais-je lui avouer que... non, je ne le pouvais pas, et puis, votre tuteur, devais-je m'exposer à le... non, je ne le devais pas; mon amour, votre réputation... J'ai dû me sacrifier et me faire passer pour un étourdi qui suit les femmes et... qui les invite à dîner. Je l'ai fait sans regret, c'était mon devoir, et, si c'était à recommencer... (*avec noblesse*) je le ferais encore. (*A part.*) Je ne sais plus du tout ce que je dis.

MATHILDE, *qui a fait de grands yeux tout le temps.*

Est-ce bien vrai... tout ça ?

HECTOR, *à part.*

Chère petite, elle n'a pas compris un mot. (*Haut, avec senti-*

ment.) Mathilde, ce qui est vrai, surtout, c'est mon amour pour vous, mon amour, qui ne reculera devant aucun obstacle. (*A part.*) Oh! je sais ce que je dis maintenant.

MATHILDE.

Je ne demande qu'à vous croire, moi.

HECTOR, *à part.*

Je le vois bien. (*Haut.*) Ma chère Mathilde, oublions tout cela, et occupons-nous un peu... de nos petites affaires. Voulez-vous toujours être ma femme?

MATHILDE, *avec un cri.*

Ah! mon Dieu!... mais, moi aussi, j'avais oublié de vous dire...*

HECTOR.

Seriez-vous mariée?...

MATHILDE.

Pas tout à fait.

HECTOR.

Comment, pas tout à fait?

MATHILDE.

Il m'est arrivé un malheur, depuis que je ne vous ai vu.

HECTOR.

Quel malheur?

MATHILDE.

Je suis devenue riche... l'héritage d'un vieux parent.

HECTOR.

Ah! je comprends... et l'on me refusera votre main, sous prétexte que moi, je n'ai pas eu de... malheur.

MATHILDE.

Justement... on veut me faire épouser un jeune homme très-riche, un monsieur de Cerny.

HECTOR, *à lui-même.*

De Cerny... de Cerny... mais je connais ce nom-là, moi.

MATHILDE.

Il a pour lui mon tuteur, le colonel Guérin, monsieur et madame Legros, enfin tout le conseil de famille, qui doit dîner ici; ils sont tous pour monsieur de Cerny et connaissent sans doute déjà toutes vos folies, monsieur.

HECTOR.

Qu'importe tout cela, si vous êtes de mon côté!

MATHILDE.

D'abord, moi, je ne veux pas épouser monsieur de Cerny...

* Mathilde, Hector.

quand je croyais que vous m'aviez oubliée, c'était encore possible... et cependant il me déplaisait bien... mais maintenant, je le déteste.

HECTOR.

Chère Mathilde ! (*Il lui baise la main.*)

MATHILDE.

J'entends des pas... c'est sans doute ma tante qui revient... Je vous quitte. Adieu.*

HECTOR.

Vous m'avez pardonné?

MATHILDE.

Oui... mais parce que c'était ma tante... Adieu! adieu! (*Elle lui envoie un baiser et se dirige en courant vers la droite. — Florine paraît au fond et pousse un cri. — Mathilde s'arrête sur le seuil de la porte.*)

SCÈNE IX.

HECTOR, FLORINE, MATHILDE, *au fond*.**

FLORINE, *sans voir Mathilde.*

Ah!

HECTOR, *se retournant.*

Florine! (*Toussant.*) Hem! hem!

FLORINE, *venant à lui.*

Comment, monsieur, vous m'avez suivie jusqu'ici!

MATHILDE, *avançant d'un pas.*

Suivie?

HECTOR, *bas à Florine.*

Veux-tu te taire?

FLORINE.

Puisque c'était convenu pour dimanche...

HECTOR.

Mais tais-toi donc!

FLORINE.

Devant les singes... (*Apercevant Mathilde.*) Tiens! mademoiselle Mathilde!

MATHILDE, *à mi-voix.*

Il paraît, monsieur, que vous avez suivi Florine aussi? ***

HECTOR.

Eh bien, oui, c'est vrai!... mais je savais que c'était votre

* Hector, Mathilde.

** Hector, Florine, Mathilde.

*** Florine, Hector, Mathilde.

tante... (*se reprenant*) la tante de votre bonne... (*avec colère*) la bonne de...

MATHILDE.

Il suffit, monsieur... (*Elle remonte.*)

HECTOR.

Mais je vous jure...

MATHILDE.

Laissez-moi, monsieur ; je sais ce qu'il me reste à faire... (*Mathilde sort vivement.*)

ENSEMBLE.

AIR *nouveau d'Hervé.*

Monsieur, après un tel outrage,
Ici, je le jure en ce jour,
Mon cœur, pour jamais se dégage,
Vous avez tué mon amour.

HECTOR, *à part.*

Hélas ! c'en est fait, et l'orage
Est déchaîné sur mon amour !
Je commence à perdre courage !
C'est trop de guignon pour un jour.

FLORINE, *à part.*

Mais vraiment il est fou, je gage.
Quoi! venir ici dès ce jour !
De sa tendresse c'est un gage,
Faut qu'il ait diablement d'amour.

SCENE X.

HECTOR, FLORINE.*

(*Quand Mathilde a disparu, Hector s'avance lentement et d'un air menaçant vers Florine, qui recule effrayée.*)

HECTOR.

Florine !

FLORINE.

Monsieur ?

HECTOR.

Je vais t'étrangler ?

FLORINE.

Plaît-il ?

HECTOR, *très-bas.*

Je te dis que je vais t'étrangler ..

* Florine, Hector.

FLORINE.

Pourquoi donc ça ?

HECTOR.

Pourquoi, servante maladroite !... parce que tu viens de briser mon bonheur et que tu dois payer la casse... Assieds-toi là ; ça me sera plus commode...

FLORINE.

Monsieur Dunois !

HECTOR.

Je ne m'appelle pas Dunois; je m'appelle Duchemin... Assieds-toi ! Veux-tu bien t'asseoir. (*Il l'assied sur une chaise au milieu du théâtre et retrousse ses manches.*) Tiens ! il me vient une idée... Florine ?

FLORINE.

Monsieur.

HECTOR.

Lève-toi.

FLORINE.

Oui, monsieur.*

HECTOR, *étendant la main vers la droite.*

Tous ces gens-là sont ligués contre moi, et je suis à leur merci, ma fille; ils me tiennent, ces gueux-là.

FLORINE.

Quels gueux, monsieur ?

HECTOR.

Ça ne te regarde pas... Eh bien ! je veux les tenir à mon tour.

FLORINE.

Mais je ne comprends pas.

HECTOR.

Ça ne fait rien... Tu as un moyen de rachéter tes jours... Dis-moi un mal affreux de cette horrible famille... raconte-moi des choses abominables sur leur compte, et tu vivras. Plus ce sera monstrueux, plus tu vivras.

FLORINE.

Mais...

HECTOR.

Tu vas d'abord me livrer tous les secrets de ta maîtresse.

FLORINE.

Mais je ne les connais pas, moi.

HECTOR.

Tu ne connais pas les secrets de ta maîtresse !... Qu'est-ce

* Hector, Florine.

que tu fais donc ici?... Allons, il y va de ta vie, songes-y bien. Cherche : tu as cinq minutes.

FLORINE.

Mais je ne sais que vous dire.

HECTOR.

Eh bien! dis-moi tout.

FLORINE.

Ah!

HECTOR.

Tu vois bien.

FLORINE, *en secret.*

Ce matin, comme je serrais les robes de madame d'Ermont, il est tombé de la poche de l'une d'elles...

HECTOR.

Un portrait?

FLORINE.

Non, monsieur, une lettre.

HECTOR.

La lettre d'un amant?... Tu es une honnête fille, donne.

FLORINE.

La voilà... mais...

HECTOR.

Sois tranquille, je n'en ferai pas un bon usage. (*Lisant la lettre.*) « A Madame Delaunay. » Qu'est-ce que c'est que ça, Delaunay?

FLORINE.

C'est un nom que madame prend à l'occasion.

HECTOR.

J'entends, c'est son nom de guerre. (*Ouvrant la lettre.*) Lisons vite. « Madame... » J'aurais mieux aimé : Mon ange... Enfin, ça ne fait rien. « Madame, permettez à un pauvre père de » famille de bénir la main bienfaisante qui... » Qu'est-ce que ça veut dire? (*Parcourant la lettre.*) Des bons pour du bœuf et du mouton, des pains de quatre livres et des petits souliers... Qu'est-ce que tu veux que je fasse de ça, imbécile?

FLORINE.

Dame! je ne savais pas, moi... Ah! je me souviens d'autre chose.

HECTOR.

Tu es bien heureuse.

FLORINE, *bas.*

Il y a quinze jours environ... c'était mon jour de sortie... j'étais allée voir...

HECTOR.

Les singes?

FLORINE.

Non, un de mes parents...

HECTOR, *entre ses dents.*

C'est la même chose.

FLORINE.

Dans le faubourg du Roule. Comme je descendais l'escalier, j'entends monter.

HECTOR, *enchanté.*

C'était madame d'Ermont?... Parle, parle; tu es une honnête fille.

FLORINE.

Ne voulant pas être surprise...

HECTOR.

Chez un de tes sing... de tes parents... je comprends ça... tu remontes?

FLORINE.

Un étage, puis deux, puis trois... J'étais tout en haut...

HECTOR.

Et madame d'Ermont montait toujours?

FLORINE.

Je me cache alors dans un petit grenier, à côté d'une mansarde.

HECTOR, *à lui-même.*

Une mansarde?... c'était un poëte... voilà mon affaire.

FLORINE.

Madame d'Ermont frappe à la porte, puis elle tourne la clef et entre.

HECTOR.

Comme chez elle... tu regardes à travers le trou de la serrure?

FLORINE.

Oui, monsieur; et qu'est-ce que je vois?

HECTOR, *étonné.*

Déjà!

FLORINE.

Je vois une petite chambre et un lit bien misérables...

HECTOR, *chantonnant.*

« C'est l'amour qui rend visite
« A la pauvreté qui rit.

FLORINE.

Bientôt...

HECTOR, *autre air.*

« Bientôt sa main à l'étroite fenêtre
« Suspend son châle...

FLORINE.

Du tout... madame d'Ermont tire d'un panier..

HECTOR.

Du champagne?

FLORINE.

Non, monsieur; des médicaments.

HECTOR.

Je te dis que c'était du champagne.

FLORINE.

Et un gros paquet.

HECTOR.

Un pâté.

FLORINE.

Non, monsieur, de la farine de moutarde.

HECTOR.

Je te dis que c'était un pâté.

FLORINE.

Mais non, puisque c'était une femme en couches.

HECTOR, *furieux.*

Une femme en... Tu n'es pas une honnête fille, va-t'en !... tu n'es plus à mon service... tu n'es bonne à rien !

FLORINE, *remontant.*

Dame ! monsieur, je ne sais pas autre chose sur le compte de madame d'Ermont.

HECTOR.

C'est dégoûtant ! (*Les portes du fond s'ouvrent, un domestique apporte un flambeau qu'il pose sur le guéridon.*)

FLORINE.

Ah ! voilà le prétendu et tout le conseil de famille.

HECTOR.

Je n'y suis pas ! (*Il gagne la droite.*)

UN DOMESTIQUE, *annonçant du dehors.*

Monsieur et madame Legros ! (*M. et Mme Legros traversent de gauche à droite tout en causant.*)

HECTOR, *bas à Florine.*

Eh mais... c'est ce monsieur qui t'offrait des châles ce matin aux Tuileries.

FLORINE, *bas.*

Oui, monsieur.

HECTOR, *bas, passant à gauche.*

Et la moitié de ce monsieur... je ne me trompe pas!... c'est l'Anglaise! my dear Anatole!... Anatole of my heart!

LE DOMESTIQUE, *toujours en dehors, annonçant.*

Monsieur de Cerny! (*De Cerny traverse au fond, de gauche à droite.*)

HECTOR, *à part.*

De Cerny, à présent! l'homme aux pistolets! (*Il part d'un rire muet.*) Je suis enchanté de ne pas être parti ce matin pour la campagne.

FLORINE.

Pourquoi donc ça?

HECTOR.

J'ai à te parler... conduis-moi dans ta chambre.

FLORINE, *reculant.*

Hein?

HECTOR.

Dans la cave, dans la cuisine, où tu voudras!... Viens!... viens!... tu es une honnête fille! (*Il sort par la gauche en entraînant Florine.*)

SCÈNE XI.

CLÉMENCE, LE COLONEL, M. *et* Mme LEGROS, DE CERNY, Mme *et* Mlle DUPREZ, M. *et* Mme CHAVIGNY, INVITÉS.

CHOEUR.

AIR *des Mousquetaires.*

Ce contrat, ce soir
Va combler l'espoir
Et les plus doux vœux
Des deux amoureux...
Ici réunis,
Par nos soins unis,
Bientôt pour leur cœur
Brillera le bonheur.

CLÉMENCE, *à Mme Legros.*

N'est-ce pas, ma chère, que mon aventure est fort divertissante?

ÉVÉLINA.

C'est incroyable!

LEGROS.

C'est-à-dire que c'est monstrueux!

LE COLONEL, *à Clémence.**

Ah çà, il est donc parti le monsieur des Tuileries?

CLÉMENCE.

Grâce au ciel!

LE COLONEL.

Eh bien! il m'allait, moi, cet animal-là...

ÉVELINA, *avec pudeur.*

Ah! colonel, vous n'y pensez pas!

LE COLONEL.

Pourquoi?

Mme CHAVIGNY.

Un homme qui suit une femme dans un jardin public!

LE COLONEL.

Eh bien!

ÉVELINA.

Qui lui offre à dîner!

LE COLONEL.

Après?

LEGROS.

Une femme qu'il ne connaît pas.

LE COLONEL.

On fait connaissance. Avant de vous avoir vu, monsieur Legros, je ne vous connaissais pas non plus; d'ailleurs j'aime un homme en dehors et carré par la base, moi... Et vous, monsieur de Cerny?

DE CERNY.

Certainement, colonel, certainement.

CLÉMENCE.

Comment, monsieur, vous approuvez?...

DE CERNY.

Moi, madame? mais je trouve que c'est d'une inconvenance...

LE COLONEL.

Comment, d'une inconvenance?...

DE CERNY.

Je voulais dire...

LE COLONEL.

Vous avez tort.

DE CERNY.

Oui, colonel.

* Mme Chavigny, Chavigny assis à gauche; de Cerny, et le Colonel debout; Legros et sa femme, assis à droite.

CLÉMENCE.

Hein ? Vous vous rétractez ?

DE CERNY.

Non pas... (*A part.*) Je serai très-embarrassé, moi, dans cette famille-là.

CLÉMENCE.

Ah ! voici Mathilde.

DE CERNY.

Ma ravissante fiancée. (*Tout le monde se lève.*)

SCENE XII.

LES MÊMES, MATHILDE, *entrant tristement.**

LE COLONEL.

Ah ! Mathilde, voilà monsieur de Cerny. Il s'est bien battu... Vous vous marierez jeudi. (*Mathilde fait de vains efforts pour retenir ses larmes.*)

CLÉMENCE.

Comment ? tu pleures...

DE CERNY.

Mademoiselle !

LE COLONEL, *bas.*

Taisez-vous.

DE CERNY, *au Colonel.*

Cette émotion est bien naturelle, au moment de quitter pour toujours... (*Mathilde et de Cerny remontent.*)

LE COLONEL, *bas.*

Laissez-moi donc tranquille ; elle ne peut pas vous sentir, voilà tout. Je le savais ; mais que cela ne vous inquiète pas... Je ne vous donne pas... six duels pour qu'elle vous adore.

DE CERNY.

Six duels ?

LE COLONEL.

Ça sera assez ; mais je vais lui parler, moi. (*A Mathilde, qui est redescendue.*) Allons, morbleu ! Mathilde ! qu'est-ce que ces larmes-là ? Nous ne sommes donc pas un homme ?

MATHILDE.

Mais dame...

DE CERNY, *riant.*

Ha ! ha ! colonel, il est vrai que...

* De Cerny, le Colonel, Mathilde, Clémence, les autres, 2e plan.

LE COLONEL, *bas.*

Vous allez dire une bêtise, vous. (*A Mathilde gaiement.*) Sois tranquille, s'il ne te rend pas heureuse... (*portant une botte à de Cerny*) une! deux! et voilà! tu feras une charmante petite veuve.

DE CERNY.

Ha! ha! ha! (*A part.*) Il est très-gai, ce tuteur.

LE COLONEL.

Mais, occupons-nous du contrat. (*On s'assied.** *Un domestique annonçant.*) Monsieur Hector Duchemin.

MATHILDE, *à part.*

Lui!

LE COLONEL.

Quel est donc ce monsieur?

CLÉMENCE.

C'est celui des Tuileries.

TOUS.

Bah!

LE COLONEL.

Eh bien! je n'en suis pas fâché, nous allons rire.

SCENE XIII.

LES MÊMES, HECTOR.

HECTOR, *du fond.*

Le conseil de famille de mademoiselle Mathilde, s'il vous plaît?

LE COLONEL.

C'est ici, monsieur.

HECTOR, *descendant entre les deux groupes et saluant.*

Mesdames et messieurs, j'aime mademoiselle Mathilde; j'en suis aimé... (*mouvement*) et je viens vous demander sa main.

TOUS.

Hein!

LEGROS.

La main de...

ÉVELINA, *riant.*

Ha! ha! ha! c'est un peu fort!

DE CERNY.

Un homme sans position!

* De Cerny, debout à gauche; Mathilde, Clémence, le Colonel, autour du guéridon, d'autres personnes à côté; Legros et sa femme, Mme Chavigny et son mari à droite.

LEGROS, *qui est debout.*

Sans consistance !

LE COLONEL, *riant.*

Ah ! ah ! ah!

HECTOR.

Vous me direz que je ne suis pas riche : c'est vrai... Mais enfin, j'ai une modeste aisance. (*Au colonel.*) Je puis offrir à ma femme une existence confortable... je puis même lui donner des châles et des robes de soie... unies ou à carreaux... (*Plus fort.*) Ou à carreaux !

LEGROS, *à part, examinant Hector.*

Ah ! mon Dieu ! mais c'est mon homme des Tuileries!

LE COLONEL.

Pourquoi me dites-vous cela, monsieur?

HECTOR.

Je vous le dis à vous, comme je le dirais (*jetant un coup d'œil à Legros*) à un autre.

LEGROS, *à part.*

Ce coup d'œil américain... Il m'a reconnu! (*Il remonte.*)

LE COLONEL.

Ah çà, monsieur...

HECTOR.

Monsieur...

LE COLONEL.

Vous croyez donc que nous allons jeter ma pupille à la tête du premier venu, d'un coureur, d'un libertin?... Et les mœurs?...

HECTOR, *continuant.*

Vous me direz aussi que j'ai la manie de suivre les femmes... C'est encore vrai; (*allant à de Cerny, qui est debout*) mais je ne les suis jamais jusqu'à Etretat.

LE COLONEL, *à part, se levant.**

Etretat!

HECTOR, *criant dans l'oreille de Cerny.*

Etretat !

LE COLONEL, *impatienté.*

Eh bien! à quoi ça rime-t-il ce que vous me dites là?

HECTOR.

Etretat?... ça rime à Georgina.

LE COLONEL, *à part.*

Il connaît Georgina... Diable!

* De Cerny, Hector, le Colonel.

HECTOR.

Ça rime mal... mais enfin...

LE COLONEL.

Enfin, enfin... Monsieur, pourquoi me dites-vous ça, à moi ?

HECTOR.

Il faut bien que je le dise à quelqu'un. (*Continuant.*) Voilà pour mes défauts... Mais j'ai aussi des qualités. D'abord, je suis très-prudent. Je compromets parfois les femmes ; mais je ne me compromets jamais... (*A Legros.*) Jamais je n'ai signé de promesse de mariage, moi, monsieur, jamais !*

LEGROS.

Mais, moi non plus, monsieur, moi non plus !

LE COLONEL, *à part.*

Georgina lui a tout conté !... Fichtre !...

HECTOR, *entre de Cerny et le Colonel.*

Ensuite, je suis très-discret... et si le hasard fait tomber dans mes mains des papiers compromettants, (*à de Cerny*) je m'empresse de les rendre à leur propriétaire. (*Il glisse le papier au colonel.*)

DE CERNY.

Eh bien ! qu'est-ce que ça me fait ?

HECTOR, *retournant entre Legros et sa femme.*

Je disais que si le hasard fait tomber dans mes mains des papiers compromettants, je m'empresse de les rendre à leur propriétaire. (*Il glisse la lettre à Mme Legros.*)

LEGROS.

J'en suis convaincu.

ÉVELINA, *à part.*

Ciel ! la lettre que j'ai perdue aux Tuileries. (*Elle remonte.*)

HECTOR.

Sans réclamer la récompense honnête. Et (*au Colonel*) enfin, je suis brave comme Turenne... je me bats souvent... je me suis encore battu hier... c'est Champcourtois qui a chargé les pistolets.

DE CERNY, *qui est remonté au milieu, à part.*

Aïe !

HECTOR, *à Mme Legros.*

Champcourtois !... notre ami Champcourtois !

LEGROS, *à sa femme.*

Tu connais monsieur Champcourtois ?... Qu'est-ce que c'est que monsieur Champcourtois !

* De Cerny, le Colonel, Hector, Legros.

HECTOR, *près de de Cerny.*

Voilà un homme qui charge un pistolet comme...

DE CERNY, *bas.*

Monsieur...

HECTOR, *à mi-voix.*

Comme on ne le charge pas.

DE CERNY, *bas.*

Je vous en prie, silence! (*Il s'éloigne peu à peu, et disparaît à droite.*)

HECTOR.

Maintenant que j'ai donné au conseil de famille la carte de mes qualités et de mes défauts, je le prie de vouloir bien prendre en considération ma demande en mariage, et de délibérer... tout de suite. J'attends la réponse: Monsieur Hector Duchemin, chez monsieur d'Ermont, dans le premier fauteuil à main gauche. (*Il va s'asseoir à droite.*)

LEGROS, *à part.*

Diable!

LE COLONEL, *à part.*

Fichtre!

ÉVELINA, *à part.*

Il a mon secret!

CLÉMENCE, *se levant.*

Monsieur Duchemin...

HECTOR.

Ma tante...

CLÉMENCE.

Ma tante!... Oh! pas encore, monsieur... J'espère que vous voudrez bien me consulter, moi. (*Tout le monde se lève et forme des groupes au fond.*)

HECTOR.

Oh! vous, c'est inutile.

CLÉMENCE.

Plaît-il?

HECTOR.

Puisque vous consentez.

CLÉMENCE.

Moi?

HECTOR.

Sans doute.

CLÉMENCE.

Mais non.

HECTOR.

Mais si.

CLÉMENCE.

Mais non.

HECTOR.

C'est comme ça... Alors, je prierai madame Delaunay de parler pour moi.

CLÉMENCE, *étonnée.*

Vous connaissez madame Delaunay ?

HECTOR.

Oui, madame... depuis ce matin.

CLÉMENCE.

Et si elle refuse de vous servir... que ferez-vous ?

HECTOR.

Alors, madame, je dirai tout !

CLÉMENCE.

Quoi donc ?

HECTOR.

Tout, vous dis-je !

CLÉMENCE.

Mais encore...

HECTOR.

Eh bien, madame, je dirai qu'elle donne en cachette des pains de quatre livres et des petits souliers.

CLÉMENCE.

Quoi ! vous savez ?...

HECTOR.

Je dirai que, chaque soir, elle va porter, furtivement, aux pauvres honteux des consolations et de l'argent. Je dirai que sous le cachemire de la femme élégante et mondaine, elle cache les ailes d'un ange... la malheureuse !

CLÉMENCE.

Monsieur !...

HECTOR.

Oui, je la ferai connaître, et tout Paris chantera ses louanges. Et ce sera bien fait.

AIR *de Mlle Garcin.*

Car je dirais devant tous, je le jure :
Quand le malheur eut tari son trésor,

www.ingramcontent.com/pod-product-compliance
Ingram Content Group UK Ltd.
Pitfield, Milton Keynes, MK11 3LW, UK
UKHW021655260726
13994UKWH00003B/1474